AF253796

L'Œuvre Coloniale

de M. Paul Doumer

EN INDO=CHINE

PAR

M. Louis DURAND

Professeur au Lycée

Vice-Président de la Société Académique

Président de la Commission syndicale de St-Savin-Cauterets

TARBES

IMPRIMERIE CROHARÉ, 32, PLACE MAUBOURGUET

—

1905

L10 K
83

L'Œuvre Coloniale de M. Paul Doumer

EN INDO=CHINE

Conférence prononcée le 22 Juin 1905, dans la grande salle de la Mairie de Tarbes, sous les auspices de la Société Académique des Hautes-Pyrénées

PAR

M. Louis DURAND

Professeur au Lycée
Vice-Président de la Société Académique
Président de la Commission syndicale de St-Savin-Cauterets

TARBES

IMPRIMERIE CROHARÉ, 32, PLACE MAUBOURGUET

—

1905

Lk 10 / 483

L'Œuvre Coloniale de M. Paul Doumer

[Cachet : BIBLIOTHÈQUE NATIONALE — IMPRIMÉS]

Février 1897 — Février 1902

Mesdames, Messieurs,

Je dois m'excuser en commençant de n'avoir pas été fidèle à mes anciennes promesses. J'avais annoncé une conférence sur la « Question du Maroc », j'en vais donner une sur « l'œuvre coloniale de M. Paul Doumer en Indo-Chine.

Ma bonne volonté n'est pas en cause; mais M. Henri Lorin m'ayant demandé s'il ne lui serait pas possible de traiter à Tarbes le sujet si actuel du Maroc, je fus trop heureux de céder mon tour à l'éminent professeur de l'Université de Bordeaux. Notre Président, de son côté, voulut bien lui accorder le patronage de la Société académique. Un nombreux et brillant auditoire répondit à son invitation et put ainsi goûter une conférence remarquable par la finesse de l'analyse géographique, la clarté de l'exposition et la sûreté de documentation.

Peu après, parurent les « *Souvenirs de M. Paul Doumer* » sur son gouvernorat d'Indo-Chine. De la lecture de ce livre, auquel il faut joindre le Rapport général de 1902, se dégagèrent pour moi une personnalité et une œuvre intéressantes. Je voulus, dès lors, non pas vous les faire connaître, mais simplement les rappeler à votre mémoire.

Je n'ignore point les difficultés de ma tâche ; il est toujours délicat de parler d'un contemporain et d'un puissant du jour. L'éloge semble être une apologie, l'absence de critique, une complaisance ou une timidité.

Ces inconvénients peuvent cependant être évités. Il suffit de laisser les faits parler eux-mêmes, et de traiter historiquement son sujet. En adoptant cette méthode, je ne désespère point de vous entretenir de M. Paul Doumer, comme je le ferais d'un des grands gouverneurs d'autrefois, d'un Warren Hastings ou d'un lord Clive, moins les concussions, ou de notre grand Dupleix, moins les infortunes.

En me servant des deux ouvrages de M. Doumer, je voudrais faire d'abord un tableau de l'Indo-Chine en 1897, puis dessiner un portrait de l'illustre gouverneur général, enfin donner une vue d'ensemble de la colonie transformée.

I

La colonie française d'Indo-Chine appartient à la vaste péninsule Indo-Chinoise. Elle a donc avec elle des traits communs de formation, de relief, de climat, de productions.

Ses montagnes surgirent comme celles de l'Inde, à la fin de l'époque tertiaire. Si elles prirent une direction différente, c'est qu'elles furent déviées par les terrains plus anciens et plus résistants de la Chine méridionale. Pour ce motif, les chaînes du Tonkin et de l'Annam ont la direction nord-ouest, sud-est.

Dans notre colonie, comme ailleurs, les fleuves, sont resserrés dans leur cours supérieur, et s'étalent dans d'immenses plaines, dans les régions deltaïques ; ainsi la Rivière Rouge, ainsi le Mékong. Les neiges ou les pluies les alimentent largement.

Toutes ces contrées sont soumises au climat tropical, chaud, humide.

Sous cette influence, le sol se recouvre d'une végétation de forêt sur les montagnes et de cultures utiles dans les plaines.

Mais indépendamment de ces traits généraux, chacune des parties de notre Indo-Chine a des caractères particuliers que M. Paul Doumer a notés avec beaucoup de précision.

La Cochinchine n'est autre chose que le delta du Mékong. C'est donc une grande plaine, arrosée par l'immense fleuve, les rivières voisines du Bvaïco, du Donnaï et les nombreux arroyos ou canaux naturels qui relient leurs divers bras.

Le sol est constitué par des terrains alluvionnaires, entraînés vers la mer par ces très énergiques travailleurs. A l'ouest de la rivière de Saïgon, la surface seule est dure, consistante, jusqu'à une profondeur de 1^m50 à 2 mètres. Au-delà, l'intérieur n'est qu'une vase molle, mobile. A l'est de Saïgon, vers Bien-Hoa, le sol se relève en ondulations assez douces d'abord, puis plus raides, à mesure qu'approchent les montagnes de l'Annam. Les roches plus anciennes sont très résistantes et donnent à cette partie de la Cochinchine une base indestructible.

Le climat est tropical : la température est chaude, été comme hiver, de nuit comme de jour. 30 à 35° en moyenne annuelle. Cette chaleur est rendue plus accablante par l'humidité constante de l'atmosphère, plus énervante aussi par l'énorme quantité d'électricité, diffuse pendant quelques mois, dans l'air ambiant.

Les pluies apportées par le mousson d'été, ajoutées pour le Mekong au moins, à la fonte des neiges du Thibet, déterminent le régime des fleuves et des rivières. En été ont lieu les grandes crues, en hiver, sous l'influence de la saison sèche, les cours d'eaux sont réduits à leur minimum.

La végétation se ressent de la chaleur, de l'humidité, du sol et de l'air. Dans les plaines de la Cochinchine, les terres jeunes et riches de limon portent, à perte de vue, des rizières ; à l'est de Saïgon, sur le terrain de plus en plus montant, grandissent les arbres fruitiers et dans le voisinage de l'Annam, de vastes forêts coupées çà et là de vastes clairières, assombrissent l'horizon.

Les populations se sont naturellement concentrées dans les riches provinces de l'ouest. Les Annamites y ont multiplié leurs villages aux rudimentaires paillottes. Ils y cultivent, pleins d'activité et d'intelligence, leurs rizières. Ce sont de merveilleux agriculteurs. Ils se groupent également dans quelques villes, dans Mytho et Vinh-Long, dans Sadec, sur les bords du Mékong.

La population est plus rare à l'est de Saïgon, le sol n'y est guère cultivé que sur l'étroite bande qui va de Thudot-Mot à Bien-Hoa et dans les clairières des forêts dans la province de Baria. Les rizières disparaissent pour faire place aux vergers, riches en fruits exquis, savoureux, et aux plantations de sucre. Malheureusement, ces cultures, en 1897, ne s'étendaient pas au delà d'un faible rayon, vers l'Annam. Ce n'est point que les terres fussent moins bonnes vers le nord-est, mais la politique particulariste de la Cochinchine interdisait toute pénétration vers l'Annam. Entre les deux colonies il fallait maintenir l'isolement, aussi M. Paul Doumer ne put-il, lors de sa première visite à Bien-Hoa, continuer son voyage vers l'est. Il dut s'arrêter après quelques kilomètres en pleine forêt vierge.

Il n'y a guère que deux villes en Cochinchine, Cholon et Saïgon, voisines, mais de caractère assez différent. Saïgon est la ville officielle, capitale de l'Indo-Chine; administrateurs, marins et soldats y ont leur point d'attache ou leur résidence. Les Européens y sont concentrés, 4,000 environ sur 30 à 40,000 annamites ou chinois. Les monuments y ont grande allure, tels, le Palais du gouverneur général, les casernements d'infanterie, l'hôpital. L'ensemble apparaît de loin comme noyé dans un océan de verdure.

Cholon est la ville indigène et commerçante. Aux 50,000 annamites qui la peuplent on doit ajouter 50,000 chinois. Le riz surtout est l'objet d'un commerce important. Il est apporté à l'état brut dans les sept ou huit grandes usines de la ville. Il y est décortiqué à l'aide d'un outillage très moderne, puis expédié par le Mekong en Chine ou aux Indes hollandaises. Ces usines appartiennent la plupart à de fort riches chinois, aidés par des ingénieurs français. Les chinois détiennent également le petit commerce; ils font là comme ailleurs preuve de sobriété, d'activité et d'économie.

Au point de vue politique, toutes ces populations indigènes sont soumises à un régime assez particulier. Dans les villages annamites, il y a des conseils de notables, sortes de conseils municipaux, responsables à l'égard de la France, de l'administration, du recrutement des impôts. La commune annamite est donc autonome.

Quant aux chinois de Cholon ou d'ailleurs, ils se groupent suivant leur origine chinoise en congrégations. Les chefs de ces associations répondent de l'ordre et de l'impôt, devant l'administration française. Ainsi est annihilée l'influence des sociétés secrètes que forment généralement entre eux les chinois, hors de leur pays.

Quant aux Français, ils se trouvent surtout à Saïgon. Seuls ils sont citoyens électeurs; comme en 1897, ils n'étaient pas plus de deux mille : ils représentaient ainsi en Cochinchine le suffrage universel au milieu d'une population de trois millions d'individus. Ils élisaient le député de Cochinchine, les membres du Conseil colonial sorte d'Assemblée législative, les membres du Conseil municipal de Saïgon et de Cholon.

• Ces électeurs tenaient sous leur dépendance, par le bulletin de vote, leurs élus. Ceux-ci, député, maire, membres du Conseil colonial, pour se maintenir au pouvoir, devaient en toute circonstance et de toutes façon, leur être agréables.

D'autre part, les électeurs étaient des fonctionnaires et par conséquent sous l'autorité des chefs de service, directeurs des douanes, directeur des postes, du lieutenant gouverneur. Entre ces chefs et leurs subordonnés, il pouvait s'élever des difficultés.

Dans ces cas de conflits, ces fonctionnaires électeurs faisaient appel à leurs élus. Député, maire, membre du Conseil colonial, intervenaient forcément en leur faveur.

Les chefs de service étaient en ce cas sacrifiés. C'était l'anarchie administrative.

Ce n'est pas tout : les membres élus du Conseil colonial étant les maîtres des finances de la colonie, puisqu'ils en réglaient les dépenses et les recettes, multipliaient les fonctions sans nécessité, dans le seul désir de plaire à la majorité qui les avait portés au pouvoir. Pour renforcer cette majorité ils faisaient appel non seulement aux français, mais encore aux indous, venus de Pondichéry et électeurs en Cochinchine. De ce dernier élément, ignorant, docile et admirablement discipliné, ils faisaient le noyau du parti, des mameluks marchant au doigt et à l'œil. Toute cette organisation aboutissait au triomphe des intérêts particuliers, au gaspillage financier.

Par le fait de cette politique égoïste, l'intérêt général avait été oublié : peu de travaux publics; autour des grandes villes quelques fragments de route; un seul chemin de fer de Saïgon à Mytho. Mais, sauf par les voies d'eaux, pas de communication entre les provinces ; aucune jonction que par mer avec les autres parties de l'Indo-Chine.

La Cochinchine vivait donc dans un isolement complet. En 1896, elle avait même demandé la séparation de droit d'avec le reste de la péninsule, méconnaissant ainsi les liens naturels qui l'y rattachent.

Cet isolement était d'autant plus périlleux que la Cochinchine n'avait ni assez de troupes, ni assez de vaisseaux pour se défendre contre tout ennemi éventuel.

Quelques hommes gémissaient de cette situation : à Saïgon, des colons de bon sens se plaignaient du manque d'outillage économique, les chefs de service constataient leur impuissance en face de l'anarchie administrative; marins et militaires rougissaient, les uns de la faiblesse des contingents, les autres du petit nombre et de la vétusté de leurs vaisseaux. Mais personne n'apportait aucun remède au mal. Armand Rousseau lui-même était mort sans avoir pu le guérir. Paul Doumer devait être plus heureux.

Après quelques semaines passées en Cochinchine, Paul Doumer partit, suivant la voie de mer, pour le Tonkin. Il trouva là une nature, une population, une organisation politique, un peu différente de celles de Cochinchine.

Le Tonkin se divise naturellement en deux régions distinctes, le Haut-Tonkin tout fait de montagnes et de plateaux. Le Bas-Tonkin, formé de plaines alluvionnaires.

Tout le pays a un climat généralement chaud, sec en hiver, humide en été. Mais ce caractère général comporte des restrictions, des nuances. Les saisons sont assez tranchées. La chaleur en juin et juillet peut atteindre 45° dans le delta, en novembre et décembre elle descend à 14° et même 5° et 1° dans la montagne. Dans les premiers mois de l'année, le ciel se couvre des semaines entières et déverse sur les hommes et les choses une pluie très fine et très pénétrante.

Les pluies torrentielles n'ont lieu qu'en été. Elles gonflent les fleuves. C'est l'époque des crues. C'est aussi celle des typhons, cyclones redoutables venus des Philippines, démontant les flots de la mer, ravageant tout sur terre. S'ils sont d'une violence inouïe sur la côte d'Annam, ils sont encore dangereux pour le Tonkin, bien que ce pays soit protégé contre leur extrême fureur par l'île d'Haïnan.

Les rivières, très resserrées dans le haut pays, s'étalent dans le delta en un grand nombre de bras s'entrecroisant les uns les autres. Mais moins longs que ceux de Cochinchine, coulant sur des pentes plus rapides, ils apportent moins d'eau et entraînent plus de sables. Aussi la navigation est-elle plus difficile au Tonkin qu'en Cochinchine. M. Doumer ne put, comme les autres, atteindre Hanoï sans les classiques échouements! La nécessité de routes et de chemins de fer est plus grande ici que dans le Mékong inférieur.

La population s'est surtout développée dans le delta, riche

en bonnes terres, propre surtout à la culture du riz. Sur les sept à huit millions d'habitants, plus de six millions d'Annamites s'entassent sur les bords de la Rivière rouge, du Thaï-Binh et du Son-Day.

Vers 1897, cette population présentait dans les campagnes un aspect misérable, par suite de l'insécurité qui y régnait. Les villages entourés de haies épaisses et de fossés profonds dénotaient l'inquiétude et la terreur que faisaient naître partout les brigands du haut pays. Les Français eux-mêmes, par leur système de réquisition, contribuaient au développement de la misère. Bon nombre d'annamites emmenés comme coolies dans les territoires frontières ne revoyaient plus, à la suite d'excessives fatigues, leur village.

Quant aux villes, il en était peu qui méritaient une visite : tout au plus, Haïphong, Hanoï et Nam-Dinh. Haïphong, créé en 1874, sur une des sources du Phaï-Banh, le Cua-Cam, pour y devenir le port principal du Tonkin, n'avait que 15,000 habitants. C'était un centre, difficile d'accès, sans aménagements maritimes. M. Doumer n'y vit qu'un bateau de commerce et trois ou quatre canonnières de mer ou de rivière.

Hanoï était plus importante, par son titre de capitale et sa population de 30,000 habitants. Les annamites se groupaient autour d'un petit lac en des rues étroites, occupées chacune par des gens de même métier. Autour de la ville indigène, sur les bords de la rivière rouge, les français avaient élevé leurs monuments publics ou leurs maison privées. Mais ils étaient en assez petit nombre, si on met à part, les fonctionnaires et les officiers. La ville manquait de tout le confortable d'une ville européenne : pas d'égoûts, pas de tramways électriques, pas de quais, pas de pont. C'était une ville à peine ébauchée.

Nam-Dinh était d'importance à peu près égale comme population, mais avait un caractère tout spécial. C'était la ville des lettrés. Pour être mandarin, il faut, on le sait, être bachelier, licencié et même pour les emplois très élevés docteur. On n'obtient pas ces titres sans examens très longs et très durs,

Chaque trois ans, il y a à Nam-Dinh des concours. Nam-Dinh est donc avant tout une usine de gradués et partant de fonctionnaires indigènes. M. Doumer eut l'honneur de présider, en 1897, l'ouverture et la clôture du concours.

Dans ces villes et bien d'autres, les artisans sont en grand nombre. Quelques métiers méritent une mention spéciale par leur singularité ou leur mérite artistique. A Hanoï, il y a la rue des Cercueils, où se sont groupés les fabricants de ce funèbre produit. Malgré leur nombre, tous gagnent leur vie. Ce n'est pas qu'on meure à Hanoï plus qu'ailleurs, mais le cercueil joue un rôle dans les relations mondaines annamites. Non seulement chacun avant la mort prépare le sien, mais c'est encore une attention délicate pour un ami de l'offrir en cadeau à son ami, pour un héritier de l'adresser à son bien-aimé testateur. Et chacun d'accepter le présent, avec la même joie qu'il accepterait s'il existait, l'élixir de longue vie.

De plus, les ouvriers d'art, dans ces mêmes villes et à Bac-Ninh travaillent les métaux, le bois et les étoffes. Les brodeurs sur soie et les incrusteurs de meubles comptent de véritables artistes. Il y a un art annamite supérieur, à certains points de vue, à celui de la Chine et du Japon.

Le Tonkin est soumis au régime du protectorat. Le sens de ce mot a besoin d'explications. Protéger un pays, c'est, dans la langue diplomatique, assurer à un peuple faible et peu civilisé la sécurité extérieure, se substituer à lui dans les relations extérieures avec les autres puissances, mais c'est, en retour, laisser à son gouvernement l'indépendance dans l'administration intérieure.

Cette définition ne peut pas être appliquée à notre protectorat du Tonkin. A l'intérieur, en effet, c'est nous qui gouvernons et non les autorités indigènes.

D'abord le Tonkin, soumis autrefois à l'autorité de l'empereur d'Annam, a été soustrait à son gouvernement. En 1897 cependant, il y avait au Tonkin, un vice-roi, un Kinh-Luoc. Mais comme ce vice-roi avait été imaginé et établi par nous, il n'avait d'autorité que ce que nous avions bien voulu lui en concéder. Il était donc notre créature. Son pouvoir se limitait à la révision des jugements rendus par les tribunaux des mandarins provinciaux et à l'établissement du tableau d'avancement de ces mêmes mandarins. Par la faiblesse de ses pouvoirs, ce vice-roi était peu influent sur l'ensemble de la population. Son aide nous était donc à peu près inutile.

Le maintien de cette fonction pouvait cependant devenir dangereuse, en cas de trouble, par exemple, si le titulaire devenait peu sûr et partant, hostile. De plus, il représentait et consolidait les anciens abus : vente de la justice aux plaideurs, des faveurs aux mandarins. En 1897, le King-Luoc ne disait-il pas à Paul Doumer : « Vous n'aurez aucun reproche à m'adresser, si ce n'est en ce qui touche la probité ». Le vice-roi n'offrant aucun avantage et ne présentant que des dangers, il fallait le supprimer.

Quant aux mandarins provinciaux, ils rendaient simplement la justice aux indigènes.

En réalité, l'administration intérieure du pays appartenait au résident supérieur et aux résidents provinciaux.

Le protectorat sur le Tonkin confine donc au gouvernement direct.

Il y a cependant un élément auprès duquel nous utilisons l'autorité indigène. Comme en Cochinchine, à la tête des communes se trouve le conseil des notables.

· A la différence de la Cochinchine, la commune tonkinoise est plus forte, plus autonome, plus soustraite à l'ingérence des fonctionnaires français.

Cependant, en 1897, M. Doumer remarquait chez ces derniers une tendance à s'immiscer dans les affaires communales. Il y voyait un danger : celui de provoquer et de multiplier des conflits entre français et annamites.

En résumé, il fallait apporter quelques améliorations administratives au Tonkin; développer la richesse publique en ramenant dans ce pays la sécurité et en y créant, à peu près de toutes pièces, l'outillage économique.

Avec l'Annam, tout change et la nature et la politique.

Les montagnes du haut Tonkin s'y prolongent et s'y resserrent de façon à former une longue chaîne, s'achevant en Cochinchine au cap St-Jacques. De cette chaîne se détachent vers la mer de nombreux contreforts, enserrant de courtes mais multiples rivières. Ces pointes rocheuses laissent cependant dans l'Annam septentrional, d'assez grandes plaines, riches et peuplées. Malheureusement la côte généralement bordée de sable n'a point permis l'établissement de ports hospitaliers. A partir de Tourane au contraire, la montagne domine la mer, des baies vastes et profondes s'ouvrent vers la terre : telles la baie de Tourane et plus au sud, de Kon-Hohe, de Camrang. Ces avantages sont inutiles, car le pays riverain, constitué de hauteurs boisées, est peu habité, par les hommes du moins. Les fauves au contraire y pullulent, en particulier les tigres. Cependant les terres y sont excellentes et peuvent dans un avenir prochain solliciter l'activité des colons européens.

Le climat est chaud et humide, mais il est modifié en certaines régions par l'altitude. Dans le sud, le plateau de Láng-Bian jouit d'une température sensiblement voisine de celle de notre Europe. Le climat offre en certains points des particularités inexpliquées ; ainsi dans le Thanh-Hoa, les pluies au lieu de tomber en été, comme au Tonkin tout voisin, tombent en hiver. Dans l'extrême sud, l'air est très sec et donne naissance à une végétation africaine. Les cactus poussent drus et les campagnes doivent être irriguées.

Au point de vue politique, c'est toujours le protectorat qui s'exerce sur l'Annam, mais les liens en 1897 étaient fort lâches. L'administration indigène était à peu près souveraine. Notre résident supérieur n'exerçait sur elle qu'un contrôle inefficace tant il était discret; dans les provinces, nos résidents assez rares, souvent d'assez mauvaise qualité, se contentaient de vivre et de toucher leurs appointements!

À Hué, capitale de l'Annam, se trouvait la cour, l'empereur, les régents, les ministres, les reines-mères. M. Doumer nous fait un tableau très vivant de ce milieu annamite. Le jeune souverain Thanh-Thaï, valait mieux que sa réputation ; l'influence appartenait néanmoins au second et au troisième régent, fort intelligents tous deux.

Dans les provinces, les mandarins rendaient la justice, percevaient les impôts. Il allait au trésor impérial ce qui pouvait ; le reste demeurait entre leurs doigts. On sait, qu'en qualité de lettrés, ils les ont, les ongles aidant, fort longs et fort crochus.

Ces diverses provinces, grâce aux contreforts montagneux, restaient dans leur isolement. Sur terre il n'y avait du nord au sud, qu'une route mandarine, simple piste, allant par monts et par vaux, suivant la ligne droite, la plus courte, mais aussi la plus raide. Les voyageurs la parcouraient en palanquins et les marchandises y étaient transportées à dos d'hommes. Par mer les communications s'établissaient par jonques ou par navires européens. Pour ceux-ci, les points de relâche étaient peu nombreux. Entre Saïgon et Haïphong, ils s'arrêtaient seulement à Nhatrang, à Qui-Nhon et Tourane ; pour éclairer leur route, pendant la nuit, un seul phare, celui de Padaran. Cependant la nature avait disposé quelques autres rades admirables : celle de Kon-Hohe, celles de Cam-Rang, vastes, profondes, bien abritées.

De la côte à l'intérieur, pas de routes. Seule, la rivière de Hué, aboutissant à la passe d'Aï-Lao permettait l'accès de la vallée du Mékong.

Cependant il y avait dans l'Annam de riches terres, au nord comme au sud. Mais il fallait des routes et des voies ferrées pour les ouvrir au commerce, à la colonisation. Il fallait aussi obtenir pour les français la faculté d'acquérir le sol en toute propriété. Surtout, il était nécessaire de modifier l'organisation politique, substituer l'influence française à l'influence annamite et rendre bienfaisante et honnête une administration nuisible et corrompue.

Comme organisation politique, le Cambodge ressemble à l'Annam, mais il en diffère du tout au tout au point de vue physique.

Le Cambodge est par excellence le royaume de l'eau. Le Mékong le traverse dans toute son étendue du nord au sud, à Pnom-Penh, le grand fleuve reçoit son grand affluent, le Tonlé-Sap, émissaire d'un immense lac. A Pnom-Penh, le Mékong se divise en deux bras énormes. En temps de crues, les eaux du fleuve s'étalent jusqu'à plusieurs kilomètres et se constituent ainsi un lit majeur pour rentrer au temps de la saison sèche dans leur « lit mineur ».

Ces terres tour à tour noyées et découvertes, colmatées de limon fertile, offrent des ressources sans nombre pour les cultures. En 1897, il y poussait des cotonniers, surtout au nord de Phon-Penh.

Le fleuve et le lac sont fort poissonneux et fournissent à la population une base d'alimentation et un article d'exportation.

Le Cambodge, quoique pourvu d'une grande longueur de côtes, n'est cependant pas devenu un Etat maritime. Les côtes sont généralement basses, dépourvues de ports ; les parties vitales du pays, celles de Phom-Penh, sont d'ailleurs séparées de la mer par une région stérile et par des barrières de forêts vierges. Le seul accès vers l'Océan se trouve en Cochinchine et voilà pourquoi le Cambodge est tombé sous la domination des maîtres de la Cochinchine. D'autre part, il n'a pas pu englober les régions du Mékong supérieur, du Laos, car le Mékong lui opposait l'obstacle de ses rapides et la race ne fut pas assez forte pour le surmonter.

Cette race, quelle est-elle ? On ne sait trop ! Les savants dénient aux Cambodgiens toute parenté avec les anciens Kmers; les Cambodgiens se prétendent leurs descendants. Ils sont en tous cas d'origine indoue et sont les successeurs des anciens Kmers. Mais ils ne possèdent pas tout le territoire de leurs illustres ancêtres. Au Siam en effet appartiennent la riche province de Battambang et d'Angkor. Ces pays, les Cambodgiens les regrettent amèrement : ils y ont en effet leurs frères de race, et leurs titres de noblesse, inscrits sur la pierre des anciens temples et des villes Kmers en ruines.

Les Cambodgiens sont établis au bord des fleuves, en des paillotes sur pilotis. Les villes, en 1897, n'étaient que des agglomérations sales et confuses de huttes. Pnom-Penh, la capitale, malgré sa magnifique situation au croisement du Mékong et du Tonlé-Sap, offrait, sauf dans le voisinage du palais, cet aspect aquatique et sordide.

Le royaume avait alors pour souverain Norodom, celui-là même, qui, il y a près d'un demi-siècle, s'était mis sous le protectorat de la France. C'était un roi singulier : il gouvernait, entouré de ses ministres et aidé de ses représentants provinciaux, mais il n'avait rien fait pour l'intérêt général ; par vanité cependant il avait voulu doter sa capitale d'un phare, mais ce phare n'éclairait pas ; d'un pont-levis jeté sur un canal, mais ce pont ne pouvait se lever. Il eut, un jour, l'idée d'ériger sur une place publique sa propre statue équestre. Un aigrefin européen s'interposa dans l'affaire, il alla chercher à Paris une statue de Napoléon III laissée pour compte ; il lui coupa la tête qui n'avait rien de cambodgien ; il lui substitua celle de Norodom, modelée d'après une photographie. Le roi trouva la ressemblance parfaite et les sujets saluèrent bien bas ce superbe Napoléon-Norodom.

A vrai dire, cet homme se contentait de percevoir de la France son million et demi de rente, les profits illicites tirés de la vente des faveurs, de l'octroi des emplois, de l'exploitation des jeux. Toutes ces ressources, il les employait en gaspillages ridicules. Se piquant de modernisme, il achetait pour la décoration de son palais le bric-à-brac clinquant de Paris : des consoles étincelantes de dorures criardes, des horloges de tous les styles, des boîtes à musique. Ne s'amusa-t-il pas un jour à cacher quelques-uns de ces derniers instruments dans les fauteuils? Et chacun des visiteurs, en s'asseyant, de déclancher l'instrument et d'en faire sortir un air des rues. Vous voyez d'ici la gêne et la stupeur du visiteur et la joie follement gamine du vieux roi.

Au fond Norodom n'était qu'une sorte de satrape hindou. Il aimait les pierreries de grand prix, les toitures dorées ; il couvrait de diamants et de bijoux ses bayadères ; il avait un harem bien fourni. Il avait eu de ses femmes une cinquantaine de fils. Mais avare et égoïste, il les réléguait dans un quartier de Pnom-Penh et les laissait croupir dans la misère et la plus dégradante abjection. Lui-même vivait dans une indolence honteuse, le jour, il dormait ou il fumait l'opium, le soir, il se délectait, à la lueur des lampes fumeuses, dans le pas de ses danseuses, et ce fut toute son existence royale que cette vie de paresse, de griserie et de basse volupté.

On comprend que dans ces conditions, le Résident supérieur du Cambodge ait essayé de substituer son autorité à celle de Norodom et ait même songé à le faire destituer sous prétexte de caducité mentale. Mais dans cette voie le Résident était allé trop loin : tel quel, Norodom était pour les populations le seul roi légitime, il fallait le leur maintenir. M. Doumer, saisi de la querelle, se prononça pour cette solution en attendant la réorganisation administrative et politique du pays, par l'ordonnance du 11 juillet 1897.

Du Laos, je parlerai assez peu. M. Doumer en 1897 n'en visita qu'une partie, celle du sud. Ce pays d'ailleurs malgré les richesses de toute sorte qu'il promet actuellement pour l'avenir, pesait très peu en 1897 dans la balance de la richesse indo-chinoise. Il pouvait, à ce point de vue être considéré comme quantité négligeable.

Ce pays est un, géographiquement et ethniquement : même fleuve qui le traverse, même peuple qui l'habite.

Le Laos correspond à peu près au cours moyen du Mékong. La nature a divisé le fleuve en plusieurs sections de caractère différent : dans l'extrême nord de la frontière chinoise, à

Vientiane, les eaux courent sur des lits de rochers, comprimées la plupart du temps par de hautes falaises. A partir de Vientiane, jusqu'à Khône, le Mekong offre deux grands biefs navigables, l'un de 500 kilomètres, de Vientiane à Savannaket ; l'autre de 200 kilomètres à peu près, de Kemmarat à l'île de Khône. Entre les deux une série de rapides, provoqués par le contact de la montagne entre Kemmarat et Savannaket. Dans le sud, les rapides de Khône séparent le cours. moyen du Mekong de son cours inférieur. En 1897, les Messageries fluviales de Cochinchine s'arrêtaient au pied de ces rapides.

Sur la gauche, le Mekong reçoit de longs affluents du versant laotien de la chaîne annamitique. Cette chaîne allonge vers le grand fleuve des contreforts moins raides que vers l'Océan ; ces contreforts eux-mêmes se transforment souvent en plateaux élevés.

Sur la droite, le Laos se relie au Siam par de longues et larges rivières, telles le Semoun et bien d'autres.

La région française du Laos, séparée de la Birmanie et du Siam par le Mekong, est habitée par des Laotiens. Ceux-ci, comme les Cambodgiens, se disent issus des Kmers, mais il semble bien que leur nationalité ait été fortement altérée par le mélange de nombreux conquérants ou colons. Ils constituent une race plus belle que celle des Cambodgiens. S'ils n'ont pas dominé ces derniers, c'est qu'ils ont été occupés par la défense de leur pays contre leurs ennemis, les Siamois. Les Laotiens vivent sous le protectorat de la France, mais beaucoup de tribus étaient, en 1897, indépendantes, quelques-unes étaient hostiles. A la fin de cette même année, M. Doumer dut lui-même remettre l'ordre, sur l'un des plateaux voisins du Khône. Des deux royaumes, de Bassac et de Louang-Prabarg, situés sur le Mekong, celui de Bassac se soumettait plus volontiers à l'influence du Siam qu'à celle de la France.

La faute de cette situation était certainement due au défaut de pénétration et de connaissance du pays. Mais elle provenait aussi du défaut d'organisation administrative. Bien que la nature ait indiqué dans cette région, trois parties distinctes : Laos du nord, du centre, du sud, il n'avait été créé que deux circonscriptions : celle du nord, et celle du sud, avec pour centre deux points très éloignés : Louang-Prabang et Khône. Les régions intermédiaires étaient forcément très négligées par les commandants supérieurs. M. Doumer devait modifier cette organisation.

De cet exposé critique de la situation de l'Indo-Chine en 1897, il résulte que ce pays manquait d'unité politique, il fallait la lui donner. L'action de la France n'était pas assez efficace en Annam, au Cambodge, au Laos, il était nécessaire de réorganiser l'administration ou de la modifier. De travaux publics généraux ou locaux, il n'en existait presque pas, on en devait construire, afin de mettre en valeur les ressources naturelles du sol et de réaliser, après l'unité politique, l'unité économique. Pour exécuter ces dépenses, des recettes étaient obligatoires. Il fallait donc se constituer un budget. L'Indo-Chine élevée ainsi au rang de très grande colonie, avait besoin d'être défendue contre les ennemis éventuels, par la constitution d'une armée solide, la construction d'ouvrages maritimes. Pour exécuter ce vaste programme, il fallait avoir une connaissance exacte du pays, de ses ressources, de ses habitants, de leur histoire. Des établissements scientifiques devaient être institués. La science serait ainsi la raison du progrès.

M. Doumer, dès 1897, se mit à l'œuvre ; en février 1902, en cinq ans, l'Indo-Chine était transformée.

II

Qu'était donc M. Paul Doumer ? — Je ne connais pas personnellement M. Doumer. Mais j'ai lu avec assez d'attention son livre pour qu'il me soit permis d'en dégager sa physionomie intellectuelle, morale et même esthétique. Quelques détails inédits m'ont été donnés par un de ses plus vieux amis de

France, aujourd'hui directeur d'un des grands services coloniaux : ils me permettront de parachever son portrait.

Un cliché de Pirou, projeté sur l'écran, vous dit son physique. Le personnage est jeune encore, quarante à quarante-cinq ans. Le visage frappe tout d'abord ; le front est très large et très découvert ; le nez est d'une ligne régulière et ferme, l'œil regarde bien droit, sous une paupière légèrement proéminente. Le bas de sa figure est orné d'une moustache épaisse et naturellement ondulée dans les bouts, et d'une barbe fournie, taillée en demi pointe. Sur le haut du front, les cheveux tombent en brosse. Le reste du corps est roulé dans la redingote officielle sans apprêt, comme sans négligence. L'ensemble dénote l'intelligence, l'énergie, une certaine austérité. Rien qu'à le voir ainsi, en image, on dit : « Voilà un homme ».

C'est en effet par des qualités viriles que vaut M. Paul Doumer.

Il est d'abord ce que les Américains appellent un « *made self-man* » celui qui s'est fait lui-même. Nous traduisons nous, français, par le fils de ses œuvres.

De très modeste origine, Paul Doumer fut d'abord ouvrier graveur dans la maison Robineau, rue de Turin, 3, à Paris. Après le labeur du jour, il consacra une partie de ses soirées à la fréquentation de cours. Sans être passé par le collège, il passa d'une façon très brillante son baccalauréat ès-sciences à la Sorbonne. Il entra sitôt après dans l'Université. Il fut nommé professeur de mathématiques au collège de Mende. C'était en octobre 1877. Doumer avait à peine 20 ans. Il avait déjà choisi la compagne de sa vie. Il se maria en août 1878, plein de confiance en l'avenir, plein d'énergie pour surmonter malgré sa jeunesse, les difficultés de l'existence. Dans son enseignement, il mit l'ardeur qu'il devait mettre plus tard à la politique et à l'administration. Dès l'âge de 20 ans, il prit l'habitude de ne se coucher dans son lit qu'une nuit sur deux ; très sobre, il ne mangeait de la viande qu'à midi ; le soir et le matin, il se contentait, dans sa chambre, de pain sec et il ne buvait que de l'eau.. Jamais une goutte d'alcool n'est entrée dans son corps. Fort sobre, il put être généreux; sur les 142 fr. 50 qu'il touchait comme professeur, il dépensait 70 francs pour sa nourriture et son logement ; le reste, il le consacrait aux malheureux. Après deux ans de séjour à Mende, il fut envoyé à Remiremont en 1879. Il y resta trois ans. Dans ses fréquents voyages à Paris, il rencontra l'historien Henri Martin, sénateur de l'Aisne. Celui-ci, de concert avec son collègue, M. Waddington, confia à Paul Doumer la direction d'un grand journal, le *Courrier de l'Aisne*. Le jeune rédacteur en chef quitta l'enseignement. Il avait trouvé la voie ou son activité, sa combativité, son intelligence devaient le faire marcher à pas de géant. Henri Martin étant mort quelque temps après, M. Waddington voulut donner au *Courrier* une teinte plus pâle ; il désirait reculer vers la droite. Doumer refusa et fonda dans l'Aisne la *Tribune* qui marcha catégoriquement à gauche. Il fit partout des conférences, eut partout du succès et aux élections au scrutin de liste de 1885, la liste de la *Tribune* passa tout entière contre la liste du *Courrier*. Dans la suite, une vacance s'étant produite dans l'Aisne, Doumer se présenta, il était député. Il devait plus tard devenir ministre des finances ; il fut nommé en 1896, gouverneur de l'Indo-Chine, il est aujourd'hui président de la Chambre des Députés : il a 48 ans à peu près, c'est donc très jeune qu'il est arrivé aux plus hautes situations de la République.

Je n'ai pas à expliquer ici les succès de M. Doumer comme homme politique, il me suffira de faire comprendre, pour rester exclusivement dans mon sujet, pourquoi il réussit dans son œuvre coloniale.

C'est qu'il fut en Indo-Chine une vive intelligence, un très ferme caractère.

Il sut d'abord fort bien quelle devait être sa tâche en Indo-Chine. De ce pays, il s'était occupé déjà ; en 1895, il avait été rapporteur des budgets du Tonkin et de l'Annam ; en 1896, comme ministre des finances, il avait dû réorganiser le contrôle financier de l'Indo-Chine. Mais sitôt nommé gouverneur, il se spécialisa dans ses connaissances indo-chinoises ; il dépouilla les livres techniques, tint conversations avec les gens renseignés ; sitôt arrivé, il se mit en contact avec les hommes et les choses d'Indo-Chine, non seulement dans son cabinet et par l'intermédiaire de rapports écrits ou de discussions orales, mais sur place, dans toutes les parties du pays : « La discussion sur cartes et sur plans se trouve singulièrement éclairée, disait-il, quand on a la vue directe des choses. » Ainsi averti, M. Doumer put bien voir ce qui convenait à l'Indo-Chine, ce qu'il fallait lui éviter. Il put rectifier bien des jugements erronnés de ses prédécesseurs, pleins d'intelligence, certes, mais auxquels manquait parfois l'étude personnelle des questions. Quelques traits en preuve, choisis entre mille : la Cochinchine demandait sa séparation d'avec le reste de la colonie. Le ministre, avant la signature du décret, demanda l'avis de Paul Doumer ; celui-ci demanda qu'on voulut bien attendre son arrivée à Saïgon. Quelques semaines après, il préconisait le rattachement. Autre exemple : on lui avait présenté à Hué, le jeune empereur d'Annam, comme un jeune fou érotique, sanguinaire ; il trouva au contraire un homme « d'intelligence vive, de raison droite, de possession de soi-même ».

Très renseigné sur toutes choses, Doumer fut aussi très large d'esprit. Il comprit que son rôle était surtout de donner une impulsion générale aux réformes ; pour les exécuter, il s'en rapporta aux chefs de service qui avaient sa confiance. A eux surtout d'assurer par leur personnel l'exécution du détail. Il leur laissa surtout dans l'administration locale beaucoup d'initiative. C'est ce qu'il exprimait d'une façon fort heureuse : « Gouverner partout ; n'administrer nulle part ».

Il put donc avoir en Indo-Chine une politique d'autant plus personnelle que les ministres lui laissèrent une grande liberté. Il fut dans ce pays une sorte de vice-roi, un véritable chef d'Etat.

Très large et très renseigné, Doumer fut aussi très tolérant.

A l'égard des diverses religions d'Indo-Chine, il eut une attitude impartiale. « Je n'ai eu aucun effort à faire pour assurer un égal respect, une entière liberté à toutes les religions qui sont juxtaposées dans notre colonie. » Vis à vis du catholicisme, représenté par nos missionnaires, il fit preuve du plus entier libéralisme. Ce n'est pas qu'il partageât leurs idées. Lui-même a dit dans une page de son livre : « On sait de reste que je ne suis pas un catholique croyant et pratiquant. Cela n'a pas empêché les missions de l'Indo-Chine de me témoigner la plus grande déférence, comme j'avais pour elles les égards qui leur sont dus. » Cela ne l'a pas empêché non plus de parler, d'une façon très éloquente, de sentiments religieux, qui ne constituent pas le fond de son être moral. Après avoir raconté en termes très émus la mort d'un officier de marine, il conclue : « La mort lui est douce, car il entrevoit par delà le détroit à franchir — et il le franchira sans hésitation ; il en a tant franchi de plus difficiles dans sa vie de marin ! — il aperçoit un cher visage qui l'accueille et qui lui sourit. Sa femme, qui l'aimait et qu'il aimait, est morte. Depuis longtemps déjà, elle l'attend. Il va la rejoindre. Il est chrétien, il a la foi ; quand il quittera le monde, ce sera l'heure bénie de la réunion. Elle était une sainte femme, il est un honnête homme qui a toujours fait son devoir, qui a bien servi son pays. Le ciel ne peut manquer de les rassembler. Le commandant a l'entière sécurité d'un croyant. » Devant ces paroles si pleines de respect, d'intelligence et de sentiment pour des doctrines qui lui sont étrangères, nous avons besoin de savoir que Doumer leur refusa l'adhésion de son esprit. Sinon il serait facile de le compter parmi ceux qui pensent qu'on peut trouver la solution des énigmes de l'univers et de la vie, plus haut qu'au fond des creusets et des alambics, ailleurs que dans les formules des nombres.

Quand j'aurai dit enfin que l'esprit de M. Doumer est lucide, méthodique et pratique, j'aurai indiqué, je crois, toutes les ressources intellectuelles du gouverneur de l'Indo-Chine.

Ce n'est cependant pas par ses facultés d'intelligence que vaut surtout M. Paul Doumer. Il fut avant tout un homme de volonté, d'énergie, de bon sens, toutes qualités qu'on est convenu de résumer sous le nom : « d'homme d'action ».

Ces qualités de caractère, il les apprécie plus que celles de l'esprit : parlant des illustres ancêtres des Cambodgiens actuels, il écrit : « le peuple kmer doit se sentir coupable d'avoir cultivé seulement les facultés de l'intelligence, négligeant les vertus viriles, autrement nécessaires, le courage devant le dur labeur, le combat et la mort ». Il déteste « les rhéteurs, ces avant-coureurs de la chute des empires ». Il ne veut pas qu'on multiplie les lettrés, ces purs produits de la culture intensive, et qu'on « leur donne un nombre de diplômes, hors de proportion avec les emplois dont on dispose ».

La volonté de M. Doumer me semble avoir été mue par deux sentiments élevés : l'amour du devoir, un ardent patriotisme.

Par devoir, il est allé en Indo-Chine, par devoir, il la quitta. Son départ fut diversement interprêté : vive ambition, pour les uns ; splendeur des émoluments, pour les autres ; pour certains, une trahison envers son parti. On perdit de vue peut-être en tout ceci quelques autres considérations. Etant donnée la place importante de Doumer dans son parti, il pouvait au premier jour redevenir ministre et occuper dans le Conseil le fauteuil du Président. De plus, ses goûts et sa vie simple le garantissaient contre les besoins d'argent. Enfin les premières propositions au sujet de l'Indo-Chine lui avaient été faites, dès 1895, par un ministre radical, M. Chautemps, et il ne partit qu'après le consentement exprès et les pressantes insistances des chefs de son parti, parmi lesquels, MM. Bourgeois, Brisson, Berteaux, Fernand Faure, etc. On a surtout oublié qu'aller en Indo-Chine n'était pas tout, mais qu'il fallait aussi en revenir. Or parmi les prédécesseurs de Paul Doumer, trois étaient morts là-bas. Mort Richaud, mort Paul Bert, mort enfin Armand Rousseau. A peine sorti de Marseille, le vaisseau qui portait Paul Doumer rencontra celui qui ramenait en France les restes d'Armand Rousseau. Qui pouvait affirmer que dans quelques mois Doumer, malgré sa jeunesse et sa santé, ne serait pas tué à son tour par le terrible climat et qu'il ne laisserait pas dans le deuil, et peut-être la gêne, une famille adorée ! — C'est donc avec raison que Doumer disait : « Nous partons pour le travail utile ou pour la mort, pour le devoir en tout cas. »

Au bout de cinq ans, il partit également par devoir : il eut pu rester gouverneur général, s'il eut voulu, mais il avait estimé que cinq ans suffisaient pour accomplir son œuvre et pour en connaître les premiers résultats. Il pensa qu'une durée plus longue, ses pouvoirs étant très forts, pourrait engendrer des abus. La plénitude de sa puissance, il voulut l'atténuer par sa précarité.

En Indo-Chine, il fut tout à son devoir. Favorisé par une santé et une volonté de fer, il se livra à un labeur acharné. Dans son cabinet de Saïgon, il passait les heures chaudes de la journée, pendant que les autres faisaient la sieste. La nuit le trouva souvent à son poste de travail. Pour se reposer, il faisait, non de longs sommeils, mais de calmantes promenades, à travers la plaine des Tombeaux, dans les fraicheurs de la nuit finissante.

Il parcourut aussi l'Indo-Chine et le Yunnam en tous sens, en toute saison, en tous équipages. Bien planté sur ses petits chevaux annamites, il fit pendant des semaines entières des raids de 100 à 120 kilomètres. Il s'acquit ainsi la réputation d'ubiquité. Il montra peu de goût pour les réceptions et les cortèges fastueux. Etant un jour sorti de Hué pour se rendre à Tourane, il laissa un simple soldat recevoir tous les honneurs du palanquin, de la musique et des parasols et il s'échappa, accompagné d'un seul officier, pour gagner vingt-quatre heures et les employer au dépouillement de la correspondance et à la rédaction de ses ordres de service.

Dur pour lui-même, il fut exigeant pour ses collaborateurs.

Il leur imprima une vive impulsion, il eut bientôt tout son personnel en main. Il se débarrassa d'ailleurs des négligents, des timides et aussi des quelques vieux éléments, déchets de la métropole. Il avait, par exemple, rencontré un résident d'Annam qui avait encouru trois fois la peine capitale, dans trois pays différents. C'était un Marseillais désiquilibré qui avait été condamné à mort, en France comme communard; en Espagne, comme royaliste carliste; en Amérique-Sud, comme insurgé contre la République.

M. Doumer combattit résolument les adversaires de ses réformes. Sa lutte avec M. Blanchy, maire de Saïgon et président du Conseil colonial de Cochinchine fut très vive. Comme c'est en Cochinchine qu'il rencontrait le maximum de résistance, c'est là qu'il séjourna le plus, au plein feu de la bataille. Là n'était pas le plaisir, mais là était le devoir.

Quant aux attaques qui lui vinrent de la Métropole, il les atténua d'abord, les éloigna ensuite par ses succès, par des voyages à Paris et des discours au Parlement.

Il eut enfin le courage civil, si rare chez les administrateurs, de ne tenir aucun compte des campagnes des journalistes. Peu lui importait la critique d'une certaine presse ? Que représentait-elle pour lui ? L'opinion d'un simple particulier ou du propriétaire du journal. — Quant à l'opinion vraiment publique dont il avait plus souci, il savait qu'il la pouvait connaître par ses multiples relations.

Doumer enfin est un patriote : il en a les idées, il en a les goûts. « La famille et le pays, dit-il, tout ce qu'il y a de bon en ce monde ». La France fut d'autant « plus passionnément et plus jalousement » aimée par lui qu'il qu'elle était en Indo-Chine plus lointaine.

A la patrie, il consacre toute son activité; il envisage sans crainte la perspective de mourir pour elle : « Nous partons ensemble pour le travail ou pour la mort, disait-il. » Le fait est qu'il l'affronta plusieurs fois, notamment le jour où il se rendit d'Hanoï à Tourane par une mer qu'il savait démontée par un typhon et où il faillit sombrer, lui et son fragile bateau.

De la patrie, il aime les représentants les plus vivants, les soldats, les marins. A l'armée, il a donné ce qu'il a de plus cher au monde : son aîné est lieutenant de chasseurs à Vincennes.

Il admire notre vaillante armée coloniale. Après avoir raconté un exploit « fou d'héroïsme » de l'enseigne Pillot et de ses six soldats : « C'était une de ses actions épiques, destinées à rester ignorées, comme les marins et les coloniaux en accomplissent par centaines. Il faudrait pouvoir les tirer toutes de l'oubli et les raconter toutes en détail. On y verrait que la bravoure, la furia qui ont fait le renom de nos pères... ne sont pas mortes en nous. La constatation est rassurante... Du jour où les fils de France cesseraient d'être de vaillants soldats, ils pourraient s'attendre à voir leur pays rayé de la carte du monde. »

Il éprouve un sentiment de prédilection pour la marine et son corps d'officiers. Comme la plupart des marins, dit-il, de l'un d'entre eux, il avait l'âme héroïque et naïve. La vie, entre le ciel et l'eau, avec le vaste horizon devant les yeux, la mort toujours possible près de soi, élève la pensée, la soustrait aux idées mesquines et basses, aux calculs de l'intérêt personnel. Ajoutez pour un officier tout ce que donne de trempe au caractère la continuelle responsabilité, l'initiative toujours nécessaire dans la conduite du bateau. L'habitude du commandement et la sollicitude dont il faut entourer des hommes dévoués, disciplinés, dont l'existence est entre les mains des chefs... Il ajoute un peu plus loin : le navire est un morceau de la patrie... C'est la fierté nationale, le patriotisme ardent qu'on respire, sur ce coin de France qu'est le vaisseau de guerre, à l'ombre du pavillon, de sa flamme tricolore qui se déploient orgueilleusement et joyeusement dans l'air, Paul Doumer eut souvent l'impression « de vivre, parmi les gens de mer, dans une atmosphère moralement saine », il écrit : « Je me suis trouvé là mieux que partout ailleurs, pour le travail suivi et la préparation à l'action ».

C'est à leurs services rendus à la France qu'il mesure ses affections aux indigènes eux-mêmes. En Cochinchine, il entoura d'égards un gouverneur de province cochinchinois qui s'était rallié à nous dès la première heure et qui depuis nous avait été fort fidèle. Il embrassa, sur son lit de mort, sa face terreuse et il s'efforça d'acquitter envers les siens toute la dette de la France.

Le patriotisme de Doumer était connu des indigènes. Ils rappelèrent à son propos le souvenir d'un de leurs anciens chefs : Phu-Lang-Giang, un gouverneur annamite des premiers temps de la conquête, excellent administrateur, plein de vertus ; ardent patriote, qui aima mieux s'empoisonner que de survivre à la défaite de son pays.

Du patriotisme, Doumer aime les signes extérieurs. En entrant dans Bankok, il « fut ému jusqu'aux larmes » en entendant les cloches de l'église catholique tinter allègrement l'air national de la *Marseillaise* et en voyant flotter sur son navire le drapeau tricolore. Tout cela, c'était la France elle-même, faisant son entrée triomphale dans l'immense cité jaune. Son patriotisme s'alimente, non seulement dans le présent, mais aussi dans le passé. Les fameuses ruines des temples, des palais Kmers lui suggèrent d'éloquentes réflexions sur les destins des empires puissants qui tombent faute d'avoir trop cultivé les qualités de l'intelligence et pour avoir négligé les vertus viriles, autrement nécessaires, le courage devant le dur labeur, le combat et la mort. A cette haute leçon de philosophie politique, il convie la jeunesse française. Par cette page comme par beaucoup d'autres, d'ailleurs, le livre de Doumer s'élève au-dessus d'un simple récit, et prend le ton martial d'une grande leçon d'énergie patriotique.

Chez cet administrateur d'intelligence ferme, de volonté tenace, il y eut aussi une sensibilité profonde. Elle se découvre quand il parle, fort discrètement au reste, des siens. Marié tout jeune à une femme qu'il aimait, il eut la joie de voir grandir en pleine santé et sans aucun deuil, ses nombreux enfants. Quand il partit pour l'Indo-Chine, il laissa ses cinq garçons en France, il amena ses deux filles : « Ce fut pour ma femme et pour moi un véritable déchirement. Les enfants font partie de nous-mêmes et tant qu'ils n'ont pas l'âge d'homme, la séparation n'est pas naturelle et ne se supporte pas. » — Les fils restèrent pour continuer leurs études. Les filles suivirent leurs parents, cette question n'ayant point pour elles la même importance. On peut aussi supposer que chez M. Doumer comme chez nous tous, les sœurs plus que les frères ont besoin d'une affection vigilante. Puis, elles représentent dans la famille, une grâce plus prenante, une tendresse plus fine et plus délicate. Enfin, elles se détachent du faisceau familial plus tard que les garçons et non sans une tristesse réelle, dans la joie de leurs fiançailles.

J'aurais laissé dans l'ombre la vie privée de M. Doumer, si lui-même n'en avait dit quelques mots dans son livre et s'il n'avait pas trouvé dans l'amour de sa compagne et de ses enfants, une force nouvelle pour accomplir sa tâche si pénible d'homme public.

Je note aussi dans son livre une vraie sensibilité esthétique. Parcourant sans cesse et en tous sens l'Indo-Chine, il se trouva parfois en présence d'œuvres d'art ancien ou moderne ; il rencontra toujours des tableaux variés de l'admirable nature. En matière d'art, il me semble surtout séduit par la simplicité, l'harmonie des lignes, l'équilibre des proportions, surtout l'adaptation des monuments à leur milieu. Ces principes sont ceux d'un homme de goût tout français, ou pour mieux dire, tout parisien. Quant à la nature, il la sent et il sait la décrire, non en traits détaillés, mais à larges coups de brosses. Je recommande la description de la baie d'Along, du col des Nuages, d'une traversée de nuit sur un affluent du Mekong ; de la baie de Mhatrang. Celle-ci inspire à son admirateur une véritable rêverie à la Jean-Jacques Rousseau : « O la splendide et délicieuse nuit, dont le charme inexprimable se présente à mon souvenir! Dans ce coin de mer que le continent aux hautes cimes, les îles boisées et rocheuses enserrent, la lune brillait, jetait sur les objets et les êtres, une lumière blanche, éclatante, comme elle ne l'est que sous les tropiques et donnait au paysage la parure fantomatique qu'elle doit avoir au pays des sirènes et des fées. L'eau qu'une brise douce ridait, montrait le scintillement de ses mille facettes, la phosphorescence de ses profondeurs dans la lame que la proue du navire soulevait et dans le remous de son sillage. Nhatrang, ses montagnes, ses îles, son golfe qui semble un lac apparaissaient là sous des blancheurs de neige, ici, de nacre. C'était d'une beauté à la fois sereine et ultra terrestre, irréelle, qui disait la douceur de vivre et parlait d'une existence de l'autre monde. Rarement spectacle de la nature n'a donné une impression si douce et si forte, si complexe aussi...

Cette finesse esthétique de Doumer se retrouve aussi dans sa façon d'écrire. Sa prose est d'ordinaire claire, précise. Elle est de plus dans ses souvenirs extrêmement variée. Dans ses portraits, il excelle à remettre sur pied un personnage européen ou indigène. Je citerai, comme preuve, ceux de M. Blanchy; du second régent de l'Annam, du jeune empereur de ce pays, Thang-Haï. Il sait aussi faire revivre les collectivités, par exemple, les Chinois de Cholon ou la cour de Hué. En quelques traits de plume, il nous fait connaitre leurs sentiments, leurs idées. C'est d'un peintre psychologue. De ses descriptions j'ai déjà parlé; si j'en rappelle ici le souvenir, c'est qu'elles constituent un des éléments de variété. Ses récits enfin sont très vivants : quelques-uns sont vraiment tragiques, comme celui relatif à un navire surpris en pleine mer par un typhon et sauvé du naufrage par l'énergie des officiers et l'héroïsme des soldats. D'autres au contraire sont très amusants et ils dénotent chez leur auteur le don de l'anecdote piquante et spirituelle. Lisez à ce propos l'histoire du soldat Picard, substitué au Gouverneur général dans un cortège officiel annamite et recevant avec sans-gêne et sérieux tous les honneurs, non dus à son rang.

Tous ces derniers traits de la nature de M. Doumer expliquent son goût pour les choses de l'esprit, ils ne sont certainement pas étrangers à la fondation des écoles de tout ordre fondées par lui en Extrême-Orient.

Vous connaissez suffisamment l'homme, à son œuvre maintenant !

III

L'Indo-Chine manquait d'unité politique et administrative. Paul Doumer créa l'Union indo-chinoise par l'institution d'un Gouvernement général et de services généraux.

Avant lui sans doute, il y avait un Gouverneur général, mais en fait, ce gouverneur, obligé de rester au Tonkin, pour les nécessités de la pacification, administrait simplement cette colonie, les autres étant forcément négligées. Le poste de Résident-supérieur du Tonkin avait été supprimé, tant on comprenait qu'il faisait double emploi avec la fonction de Gouverneur général.

Il n'existait pas surtout de Gouvernement général. Doumer disait fort spirituellement : « En fait de gouvernement général, il y a bien un gouverneur général, puisque je l'ai amené de France. Pour le surplus, j'ai trouvé en tout et pour tout un archiviste. Seulement, il ne possède pas d'archives. »

Il était donc nécessaire d'instituer des services correspondant aux intérêts généraux du pays. Ce fut l'objet de plusieurs décrets qui furent édictés dans le courant de 1897-1898.

Pour l'aider dans son administration, Doumer reconstitua le « Conseil supérieur d'Indo-Chine ». De ce conseil, firent partie les chefs de l'armée, de la marine, les Résidents supérieurs des divers protectorats, le lieutenant-gouverneur de Cochinchine, les Présidents des Chambres de commerce et d'agriculture. Plus tard, quand les grands services généraux furent créés, les chefs de ces services furent admis dans le Conseil. C'étaient les Directeurs des douanes et des Régies financières, des Travaux publics, des affaires civiles, des Postes et des Télégraphes. Le Gouvernement général était désormais une réalité.

A la tête est le Gouverneur général : il représente la République française en Indo-Chine. Il possède tous les pouvoirs qui sont dévolus en France aux divers ministres. Il a la direction générale des affaires. Il exerce une action directe sur les services et les œuvres d'intérêt commun. Par l'intermédiaire des administrations locales, il fait sentir son influence sur les services et les œuvres d'intérêt local.

Quant au Conseil supérieur, il arrête les budgets locaux et le budget général; donne son avis sur toutes les mesures importantes que lui soumet le Gouverneur général et sur les modifications à apporter aux législations locales.

Dans l'intervalle de ses sessions, le Conseil supérieur est représenté par sa Commission permanente.

L'action du Gouverneur général se fit sentir sur les administrations locales qui furent plus ou moins modifiées selon les nécessités.

En Cochinchine, l'administration actuelle pouvait subsister. Il suffisait de porter remède aux excès de pouvoir du Conseil colonial. Ce fut fait par l'institution d'un gouvernorat général plus fort. Moins facile à intimider qu'autrefois, le titulaire de cette fonction en imposa davantage aux membres du Conseil. Les chefs de service de la colonie furent soutenus par M. Doumer. Enfin, par le fait de la création d'un budget général au détriment des budgets locaux, le Conseil eut beaucoup moins d'argent à sa disposition. Il ne put faire que les dépenses obligatoires. Ainsi prit fin le gaspillage financier, l'anarchie administrative, signalés déjà au début de ma conférence.

Dans les pays de Protectorat, le Gouverneur général s'efforça de rendre l'action de la France plus efficace, l'administration plus régulière et plus honnête, la diffusion de nos principes civilisateurs plus large et plus active. Dans chacun de ces pays néanmoins, les institutions indigènes subsistèrent, dans la mesure où elles n'étaient pas nuisibles au développement général et dangereuses à la domination française.

Au Tonkin, il y eut relativement peu à faire, il avait été en effet soumis précédemment par la nécessité même des choses, à notre action incessante et directe. M. Doumer cependant voulut rendre cette action plus forte en multipliant le nombre des provinces et des résidents. Dans l'administration indigène, il supprima le vice-roi annamite, représentant de l'empereur de Hué. Son maintien ne nous rendait aucun service et offrait beaucoup d'inconvénients. Les mandarins relevèrent de nos résidents ; leurs traitements furent augmentés mais ils furent avertis qu'on ne tolérerait point de leur part les anciennes pratiques d'exploitation des justiciables et des contribuables par les cadeaux plus ou moins forcés.

En Annam, l'œuvre fut plus considérable. M. Doumer profita de la majorité du jeune souverain pour supprimer le Conseil de régence et les régents. Ceux-ci descendirent au rang de ministres ; avec plusieurs autres personnalités, ils constituèrent un Conseil de ministres. Les décisions de ce Conseil ne furent exécutoires qu'après l'approbation du Résident supérieur français. Auprès des ministres furent délégués les plus intelligents de nos fonctionnaires, transformés ainsi en conseillers singulièrement autorisés. Les résidents de province devenus plus nombreux reçurent l'impulsion du Résident supérieur, sous-ordre lui-même du Gouverneur général.

Quant à la perception des impôts, faite autrefois par les mandarins et à leur profit, elle passa aux français. Une part de l'impôt fut destinée à l'empereur d'Annam, à sa cour, à son corps de fonctionnaires, le reste fut versé au Trésor local. Les effets de cette modification se firent immédiatement sentir. Le budget local se solda dès 1899 par un notable excédent.

Enfin M. Doumer obtint de l'Empereur le droit de disposer

des terres vacantes et sans maître et la possibilité pour les européens de les acquérir en toute propriété. C'était l'Annam définitivement ouvert à la colonisation européenne.

Pour le Cambodge, les institutions politiques furent modifiées comme dans l'Annam : le roi, le Conseil des ministres, tombés sous l'influence du Résident supérieur, vrai maître du gouvernement, les résidents de province plus nombreux et plus dépendants de leur chef hiérarchique, tout s'y retrouve. L'ordonnance du 11 juillet ajoute cependant quelques autres améliorations, contre lesquelles Norodom s'insurgea avec assez d'énergie ; les étrangers jugés par les tribunaux français ; les jeux abolis, l'esclavage pour dettes, supprimé. Il en coûtait en effet à Norodom de laisser échapper de sa juridiction les riches Chinois qui savaient le moyen de gagner auprès de lui leurs procès ; de ne plus recevoir des tenanciers des jeux le prix élevé de sa malhonnête tolérance ; de perdre enfin par l'émancipation ses nombreux esclaves. M. Doumer, à propos des jeux et des ravages qu'ils occasionnent, a écrit une belle page de haute moralité publique : « Quand le jeu est libre, non pas même toléré mais encouragé, qu'il devient presque une institution d'Etat, la foule s'y précipite, les passions ne se contiennent plus. Les Cambodgiens allaient dans les maisons de jeu avec l'espoir de l'accroître, le profit qu'ils venaient de faire, le salaire qu'ils venaient de gagner. Et comme les chances de perte étaient forcément supérieures aux chances de gain, les victimes étaient nombreuses. Les commerçants ruinés, les agriculteurs dépouillés de leur domaine, les ouvriers réduits à la misère et à la faim ne se comptaient pas. Les plus acharnés au jeu, après avoir perdu tout ce qu'ils possédaient, contractaient des emprunts qu'ils étaient hors d'état de rembourser et allaient grossir l'énorme contingent des esclaves pour dettes. Certains, dépouillés de leur argent, mettaient pour enjeu le pauvre vêtement qui les couvrait, puis, nus, jouaient encore leur femme, leurs enfants. C'était la misère, la dégradation, la démoralisation. » Je ne regrette point cette lecture, elle vous reposera de mon sujet, un peu aride. Elle n'est pas d'ailleurs une digression : c'est toujours le Cambodge transformé par Paul Doumer.

Par ses réformes, M. Doumer avait donc réussi à conserver aux indigènes leurs institutions tout en les améliorant, mais par la création du gouvernement général, superposé et lié néanmoins aux gouvernements locaux, il avait fondé l'unité politique indo-chinoise. Maintenant, il fallait constituer à ce Gouvernement général des ressources spéciales pour qu'il put fonctionner pour des œuvres d'intérêt commun.

A la fin de l'année 1896 l'état financier de l'Indo-Chine était lamentable : les budgets de Cochinchine, du Tonkin, d'Annam étaient en déficit. Il fallait une liquidation ou une réforme financière. De ces deux moyens, le second fut choisi. On commença les réformes au Tonkin, on les étendit ensuite aux autres parties de l'Indo-Chine. Ce n'est qu'après l'amélioration des budgets locaux que fut entreprise la création du budget général. La réforme a été donc faite avec progression et méthode.

Dans le Tonkin et l'Annam : on révisa d'abord les impôts directs. Il en existait un certain nombre ; il suffisait d'en faire une répartition plus équitable entre tous : donc, pas de privilèges. Il fallait ensuite supprimer les malversations des collecteurs de l'impôt : donc, plus grande honnêteté dans la perception. Les arrêtés du 1er juin 1897 fixèrent le nouveau régime : ils furent appliqués dès le second semestre de cette même année.

Doumer songea ensuite aux impôts indirects. Ici, certaines taxes secondaires furent remaniées : telles celles sur les timbres, les allumettes, la canelle. Enfin on institua trois grandes régies : alcool, opium, sel. L'impôt sur le tabac ne vint que plus tard.

La moyenne de ces divers impôts était pour chaque habitant 2 piastres environ, soit 4.80 en tout. C'était peu étant donné le développement économique pris par l'Indo-Chine, à la suite de l'organisation nouvelle. C'était assez pour faire face aux dépenses exigées. On ménageait ainsi pour l'instant les forces contributives des indo-chinois, sauf à pouvoir dans l'avenir les rendre plus productives.

Cette transformation de l'impôt permit d'obtenir immédiatement des excédents budgétaires, de créer pour le Tonkin et l'Annam des caisses de réserves et de commencer d'importants travaux publics.

Ces difficultés ainsi résolues, autant en Annam, Tonkin, que partout ailleurs, la question se posa de savoir s'il fallait maintenir pour chaque partie de l'Indo-Chine un budget distinct ou bien s'il ne valait pas mieux, tout en maintenant les budgets locaux, de créer un budget général, alimenté par des ressources déterminées et affecté à des besoins d'intérêt commun. Les décrets du 31 juillet 1898 créèrent le budget général. L'unité financière s'ajoutait donc à l'unité politique et administaative et la complétait heureusement.

Le budget général fut désormais délibéré et voté par le Conseil supérieur de l'Indo-Chine.

Les ressources affectées à ce budget furent les impôts indirects ; aux budgets locaux, restèrent les impôts directs.

Il est facile de comprendre les raisons de ces attributions respectives.

Les impôts directs étaient payés sur rôles. Le montant en était connu des indigènes. Ceux-ci étaient désireux de savoir ce que devenait leur argent. Il était donc de l'intérêt de l'Etat français de le dépenser auprès d'eux en travaux utiles. L'indigène avait ainsi le sentiment que s'il aliénait une minime quotité de son bien, c'était pour la récupérer au centuple par l'amélioration de l'outillage économique.

Des impôts indirects au contraire, le contribuable se rend un compte moins exact. En achetant de la viande ou du tabac, il fait assez difficilement la part de la valeur réelle du produit et de la somme affectée à l'impôt. Par sa nature même, l'impôt indirect a un contour moins précis, un caractère plus impersonnel. On peut plus facilement en attribuer le produit à des œuvres moins locales, plus lointaines, d'intérêt plus général. Le contribuable, ignorant presque tout de l'impôt, perd toute notion de bien personnel et permet sans réclamer jamais que ce bien soit dépensé ailleurs dans l'intérêt de la collectivité indo-chinoise.

De plus, les impôts directs sont moins productifs que les autres. Tels quels néanmoins ils étaient suffisants pour l'alimentation des budgets locaux.

Les impôts indirects, suivant de plus près le développement de la richesse publique, étaient susceptibles en cas de succès des réformes, d'un plus grand rendement. Ces prévisions n'ont pas été démenties par les faits.

Pour tous les budgets, tant locaux que général, il y eut en effet des excédents de plus en plus croissants. Sur ces excédents, on put constituer des caisses de réserves et commencer de grands travaux publics. Par eux enfin, il fut permis de gager le grand emprunt de 200 millions, consacré à la construction du grand réseau ferré indo-chinois.

Ce qui importait le plus à l'Indo-Chine après de bonnes finances, c'était un outillage perfectionné pour la mise en valeur de ses richesses naturelles.

Dans cet ordre d'idées, on songea tout d'abord aux travaux publics, routes, ponts, tramways, canaux, ports, phares.

On sait déjà qu'à ces divers points de vue, presque rien n'avait été encore fait. M. Doumer traça dès lors un vaste programme, dont il réalisa une bonne partie, laissant à ses successeurs le soin d'exécuter le reste.

Les routes se multiplièrent. Elles furent créées sur les ressources des budgets locaux ; le budget général cependant, dès qu'il fut constitué, prit à sa charge les grands travaux d'art.

En Cochinchine, Saïgon fut reliée à Baria et à la route mandarine de l'Annam, d'autre part, au Cambodge par Thay-Ninh.

Au Tonkin, les territoires militaires furent sillonnés de routes, rattachées plus tard à celles du moyen Tonkin et du

Delta. Le plus grand nombre alla s'embrancher sur la voie ferrée de Hanoï à Lao-Kay.

En Annam, la route de Tourane à Hué, par le col des Nuages fut terminée et la route mandarine qui la prolonge au sud jusqu'en Cochinchine, au nord jusqu'au Tonkin, fut remaniée au point d'en être méconnaissable et d'en devenir tout à fait nouvelle.

De la route mandarine se détachèrent vers les hautes vallées de l'intérieur des voies de pénétration. Parmi les plus importantes, il faut citer celles qui aboutissent dans le sud au plateau si salubre de Long-Bian et dans le nord à celui de Tranninh. Ces régions élevées devaient servir de sanatoria aux européens anémiés et de régions de colonisation.

Au Cambodge, une grande route relie Prom-Penh à Kampot, à la mer. Enfin, de nombreux chemins unissent entre elles les provinces.

Au Laos, une route fut construite parallèlement au Mékong ; en outre, plusieurs sont dirigées vers l'Annam, mettant en communications la grande vallée avec la côte.

Ce réseau permettait la circulation générale des voyageurs et des marchandises. C'était déjà une contribution à l'unité économique du pays.

M. Doumer sut aussi utiliser les grands fleuves, « les routes qui marchent », selon le mot de Pascal.

A ce point de vue, la Cochinchine et le Cambodge sont, on le sait déjà, admirablement pourvus. Mais la rivière de Saïgon, les deux Vaïcos, le Mekong, sont d'énergiques travailleurs. Ils forment dans leur lit d'énormes bancs de sable mobiles. Il importe donc de maintenir, au moyen de dragues puissantes, des chenaux toujours libres et toujours égaux. L'un d'entre eux, le Donnaï a des rapides : ce sont des écueils à faire sauter.

Pour ces motifs, il fallait en ces pays moins créer qu'améliorer. Effectivement, dès 1901, M. Doumer établit un programme, exécutable en 10 ans. Il s'agit là presque toujours de dragage et de dérochage.

Au Tonkin, M. Doumer fit peu parce qu'il ne pouvait presque rien contre la nature : les rivières, en effet, par suite de l'extrême mobilité des bancs de sables, offrent beaucoup d'obstacles à la régularisation de leur lit. Encore aujourd'hui la batellerie indigène s'accommode seule du régime des fleuves et les bateaux à vapeur sont exposés, en cours de route, à de nombreux échouements.

Quant au Mékong, M. Doumer se contenta, sur le cours moyen, de faciliter la navigation sur les biefs et de ménager le passage de l'un à l'autre. Ainsi, il établit sur l'île de Khône un chemin de fer, tournant l'obstacle des rapides.

Mais les routes, les canaux, les cours d'eau sont trop lents pour nos contemporains pressés. Il fallait en Indo-Chine des chemins de fer.

On sait déjà qu'avant l'arrivée de Doumer il n'existait que deux lignes : l'une au Tonkin, de Phu-Lang-Thuong à Langson, l'autre en Cochinchine, de Saïgon à Mytho. Mais la première n'était qu'à voie étroite, à 0,60 ; l'autre que d'intérêt local.

Il fallait construire un réseau complet et d'intérêt général. Le gouverneur général, en décembre 1897, saisit de la question le Conseil supérieur. Son programme fut accepté.

Il comportait un vaste plan d'ensemble : une ligne de Saïgon à Hanoï et à la frontière de Chine ; une autre d'Haïphong à Laokay et au Yunnam ; deux transversales, de Qui-Nhon vers Kontoum et Aptoppen ; de Quang-Tsi à Savannakel. Enfin une dernière, de Saïgon à Phom-Penh. Au total, 3,200 kilom.

Mais ce plan ne pouvait être exécuté que peu à peu. On résolut, en 1898, de se limiter à 1,700 kilom.

Le Conseil préconisa comme nécessaires et urgentes les lignes de Haïphong à Hanoï et Laokay et Yunnan-Sen ; d'Hanoï à Nam-Dinh et Vinh, de Tourane à Hué et Quang-

Tri ; de Saïgon au Kanh-Hoa et au plateau de Lang-Bian ; de Mytho à Vinh-Long et Canto.

Doumer se rendit en France pour soutenir son projet auprès des autorités compétentes et du Parlement ; il eut le bonheur d'être persuasif. Son plan et l'emprunt de 200 millions nécessaires pour l'exécuter furent votés.

Les raisons qui présidèrent à la construction de ces premiers tronçons du transindo-chinois sont faciles à déterminer. Il fallait tout d'abord s'occuper de la ligne Haïphong-Laokay ; dès la première heure, le chemin de fer traversant des pays fort riches et fort peuplés donnait des résultats financiers ; de plus, il unirait à la mer par le Tonkin, la grande province chinoise du Yunnan. Par la ligne de Hanoï à Vinh, on ouvrait à la circulation vers le Tonkin et la mer, les provinces du Nord de l'Annam, admirablement fertiles, mais fort isolées jusqu'alors ; on augmenterait ainsi leur force de production bien au-delà de leurs besoins et on les transformerait en centres d'exportation. Quant à la ligne Tourane-Hué-Quang-Tri : elle permettait des débouchés vers la mer toute voisine et le Mekong plus lointain, surtout elle sauverait ces pays des atroces famines auxquelles les exposaient autrefois les ravages des typhons. Le tronçon du sud enfin, Saïgon-Lang-Bias, ménageait l'accès vers des plateaux élevés, transformés en sanatoria. Cette question a beaucoup préoccupé M. Doumer, avec raison. L'Européen a besoin en Indo-Chine de refaire de temps en temps ses forces anémiées. Or, la France est loin, les voyages sont coûteux. M. Doumer fit faire des recherches dans toute l'Indo-Chine, elles aboutirent à la découverte de Long-Bian, à proximité de Saïgon, du Tranninh, dans le voisinage d'Hanoï, surtout du Yunnan, près du Tonkin.

Dans le programme à exécuter était comprise la ligne de Laokay à Yunnan-Sen, capitale du Yunnam. Mais cette province étant chinoise, il ne convenait pas que cette ligne fut construite par le gouvernement d'Indo-Chine. M. Doumer obtint en 1901 qu'elle le fut aux frais d'une Société concessionnaire.

En retour, cette Société obtenait l'exploitation pour 75 ans de toute la ligne Haïphong, Hanoï, Laokay, Yunnan-Sen; une subvention de 12 millions et demi pour la constitution d'une partie du capital, enfin la garantie des obligations jusqu'à concurrence de 3 millions et demi. Ce fut l'objet de la convention de 1901, 5 juin, approuvée par la loi du 5 juillet.

Toutes ces lignes sont construites déjà ou le seront bientôt. L'Indo-Chine possèdera 2,398 kilomètres de voies ferrées ainsi décomposé :

Lignes du plan Doumer............	1.700 k.
Ligne du Yunnam...............	468
Ligne d'Hanoï à Langson, remaniée.	160
Ligne de Saïgon-Mytho..........	70

Mais ce réseau tout vaste qu'il est n'était pas suffisant. Doumer fit commencer des études en vue de le compléter. Il était urgent pour lui que les tronçons de la ligne Saïgon-Hanoï fussent reliés entre eux ; il fallait donc rattacher Qui-Nhon à Tourane et Quang-Tri à Ving. Cette grande voie serait elle-même reliée par trois voies transversales au Mékong. Jusques à présent, rien n'a été fait pour la réalisation de ce plan.

Doumer rêvait encore plus grand, il voulait prolonger nos lignes jusqu'en pleine Chine, jusqu'au cœur du Siam. Ainsi celle du Yunnam irait jusqu'au Setchouen; celle d'Hanoï à Langson, jusqu'à Han-Kéou. Des études avaient été poursuivies. Du côté du Siam, deux lignes auraient uni Bangkok, vers le sud; à Saïgon, dans le nord, au bief moyen du Mékong.

Pour compléter tout cet outillage de routes et de voies ferrées, il fallait aménager leur point d'aboutissement vers la côte indo-chinoise. M. Doumer s'occupa donc de l'amélioration des ports, de l'éclairage des côtes et du balisage des rivières. Saïgon, Tourane, Haïphong sollicitèrent surtout son attention. Les travaux étudiés pour les deux dernières villes, n'ont été exécutés en partie que pour la première. Des études furent également faites en 1902 pour Vinh dans le nord et Qui-Nhon dans le sud. M. Doumer ne voulait pas qu'on oubliât dans l'avenir Than-Tiet et Phan-Rang.

Enfin un certain nombre de phares furent élevés entre le cap Saint-Jacques et le nord du Tonkin. Quant aux rivières, leur chenal d'accès fut indiqué par des travaux de balisage.

A tout cela, on peut ajouter des bâtiments civils construits dans les diverses villes d'Indo-Chine. Ces édifices ont donné grand air à certaines, surtout à Hanoï. De nombreux quartiers européens ont surgi dans toutes, grâce aux maisons nouvelles des particuliers.

M. Doumer peut donc être appelé, avec raison, un vice-roi constructeur.

L'ensemble de cet outillage économique eut sa répercussion immédiate sur le commerce, l'agriculture et l'industrie.

Pour le commerce, il me suffira d'indiquer quelques chiffres. Sous une forme très sévère, ils constitueront le meilleur argument. Je me contenterai d'ailleurs de ceux relatifs au commerce général. Par ces mots on entend l'ensemble des importations, des exportations, du transit et du cabotage. Or, en 1896, le Commerce général représentait une valeur de 215.720.669 fr. En 1901, ce chiffre s'était éleve à 534.949.876. Sur ces diverses sommes globales, le commerce avec la France se chiffrait, en 1896, par 40.690.442, et en 1901 par 139.617.691.

M. Doumer favorisa directement le commerce en multipliant les moyens de circulation et d'information. Ainsi il augmenta le nombre des services maritimes, destinés à relier les ports d'Indo-Chine entre eux et à faciliter les communications avec les pays voisins, Siam, Singapour, Canton et Hong-Kong.

De plus, des bureaux de poste furent créés en Indo-Chine et dans la Chine méridionale, le réseau télégraphique-fut porté de 13.000 à 18.000 kilomètres.

L'agriculture fut favorisée par l'exécution des travaux et l'institution d'organes administratifs et techniques. Les canaux d'irrigation et de dessèchement gagnèrent à la culture de grands espaces. Par ses services généraux ou locaux, le Gouvernement général joua le rôle « d'informateur, de conseiller, de protecteur ». De ses services, le principal, fut la « Direction de l'agriculture et du commerce de l'Indo-Chine ». Elle eut, dans ses attributions, l'étude de toutes les questions intéressant l'agriculture et le commerce ; sous sa dépendance, le service météorologique. géologique, le Bureau de statistique, le Bulletin économique, le Musée des produits naturels ou fabriqués, enfin le Service forestier et vétérinaire. Pour avoir une action plus facile et plus efficace sur les indigènes et les colons, la Direction générale fit créer des directions locales dans les cinq parties de l'Indo-Chine. A ces divers services furent rattachés des jardins d'essai, des champs d'expériences et des laboratoires.

Grâce à ces institutions, les cultures existantes furent améliorées ; telles celles du riz, du poivre, du thé, du coton, de la soie. D'autres furent introduites, comme celle du caoutchouc, de la gutta-percha, de l'indigo, etc.

Doumer ouvrit l'Indo-Chine à la colonisation agricole. Il appela de préférence des colons instruits, riches, leur donna des concessions ; des terres nouvelles étaient ainsi mises en valeur et chaque domaine devenait pour les ouvriers, annamites un chantier et pour les Annamites propriétaires, un champ d'expérience. En 1896, il y avait en Indo-Chine 323 exploitations, mais en 1901, 717.

En matière de colonisation industrielle, Doumer fut moins heureux. Il était cependant guidé, dans cette question, par des principes très sages. Il ne voulait pas que l'Indo-Chine fît concurrence à la Métropole, par ses industries. Elle devait simplement fabriquer ce que la France ne pouvait manufacturer ou ce qu'elle n'envoyait point. Doumer espérait cependant qu'avec la création des voies ferrées, l'âge de l'industrie viendrait pour la colonisation française : en cela d'accord avec les plus récents publicistes qui appellent en Indo-Chine surtout des industriels,

Par ces derniers développements, on a déjà vu que Doumer ne procédait pas à ses réformes d'une façon empirique quelconque, mais qu'il appelait à son aide la science elle-même. Esprit très moderne, il voulait qu'elle fut l'inspiratrice de son œuvre. C'est donc le moment de parler de ses institutions scientifiques. Certes, je ne donnerai pas ce nom aux écoles françaises secondaires ou primaires, assez rares au reste. Il est entendu qu'on s'occupe là dedans d'éléments et non de science proprement dite. Dans cet ordre d'idées, Doumer se préoccupa des indigènes. En homme de grand sens, il ne voulut pas substituer la culture française à la culture annamite : « On doit, dit-il, se garder de détruire ce qui est la base même de l'existence morale. Les principes qui font chez eux la famille forte, les parents respectés, l'autorité publique oubliée sont puisés dans les livres de l'enseignement indigène. Ce sont les écoles des villages qui donnent cet enseignement. S'il leur est supprimé, par quoi les remplacerons-nous ? Par la morale française, la morale des braves gens, basée sur le sentiment du devoir, de l'amour de la patrie, de la solidarité humaine ? Le Professeur lui-même ne pourra la comprendre, que sera-ce des élèves ».

Doumer cependant rêvait d'attirer dans les écoles françaises l'élite du peuple annamite. Il projetait pour elle des écoles supérieures.

Il songea surtout à l'enseignement professionnel : trois écoles furent créées à Hanoï, Saïgon, Hué, en attendant la fondation d'une école supérieure d'arts et métiers au Tonkin.

Mais c'est par l'institution d'établissements vraiment scientifiques que M. Doumer méritera une place exceptionnelle dans l'histoire intellectuelle d'Indo-Chine. Au premier rang, il faut placer l'Ecole française d'Extrême-Orient. Elle a été fondée en décembre 1898, avec le concours de l'Académie des Inscriptions et Belles-Lettres. C'est un établissement de hautes études philologiques et archéologiques. On y étudie les diverses races d'Indo-Chine à tous points de vue. On y recherche et on y préserve les monuments du passé. Si l'Ecole eut sa résidence en Indo-Chine, c'est qu'on ne peut connaître le passé qu'en se pénétrant du présent ; en vivant en contact avec les réalités la science a plus de chances de retrouver la vérité. L'Ecole ne limitait pas le champ de ses recherches à l'Indo-Chine, elle l'étendait aux pays dont l'histoire explique celle de l'Indo-Chine, au Siam et à l'Inde, à la Malaisie et à la Chine.

L'Ecole de médecine fondée en 1901 à Hanoï doit former avant tout des médecins indigènes pour l'Indo-Chine et entretenir à l'extérieur des postes médicaux. En même temps, dans ses laboratoires, on étudie les maladies indigènes. La présence du docteur Yersin à la direction, garantit la solidité scientifique de cet établissement.

Les recherches bactériologiques étaient poursuivies avant 1896 à Nhatrang, par le docteur Yersin, et à Saïgon. Mais par l'appui financier que leur apporta Paul Doumer, elles devinrent plus actives. De plus, ces instituts envoyèrent leurs sérums antipestueux, non seulement en Indo-Chine mais jusqu'en Chine et au Japon. Enfin, un nouveau cabinet d'études fut annexé à l'hôpital d'Hanoï.

Le service météorologique créé en 1898 avec le concours de M. Mascart et du P. Froc, de l'observatoire de Shangaï multiplia des stations en Chine et en Indo-Chine, au Siam et en Malaisie. Un observatoire météorologique et magnétique fut érigé à Phu-Lien près de Haïphong, pour l'étude des perturbations atmosphériques, des typhons spécialement.

Le service géographique représenté antérieurement à 1896, par le bureau topographique de l'état-major indo-chinois, fut organisé sur une plus large base en 1899. Son œuvre principale est la rédaction d'une carte d'Indo-Chine, mais il y ajoute la mise au point des cartes anciennes.

Une carte géologique a été aussi entreprise par des géologues rattachés à la direction de l'Agriculture et du Commerce. Doumer voulait compléter ce service par l'institution d'un corps des mines.

Cet empire indo-chinois créé, il fallait le préserver de toute attaque, soit à l'intérieur, soit à l'extérieur.

La pacification du Tonkin n'était pas encore achevée : dès son arrivée, M. Doumer s'efforça de la rendre complète. Elle était en effet nécessaire. La piraterie ou la révolte troublaient la sécurité du pays; son maintien amoindrissait notre prestige; et pouvait, les circonstances extérieures aidant, entraîner une insurrection générale. Bandits chinois et révoltés annamites furent réduits, en quelques mois, à passer la frontière ou à présenter leur soumission. Depuis la fin de 1897, la pacification matérielle fut assurée. Elle entraîna forcément la tranquillité des esprits. Les annamites purent vaquer sans crainte à leurs occupations pacifiques, faire des réserves d'argent et garantir leur vie du lendemain contre les risques de tout genre, en particulier celui de la famine. De cette œuvre, Doumer se disait très fier.

De l'extérieur, le danger pouvait venir ou de la Chine ou du Japon. De la Chine, il paraissait encore, en 1897, peu probable. Nos relations avec elle étaient amicales, nous venions en effet de lui porter secours après la guerre sino-japonaise en n'acceptant pas toutes les prétentions du vainqueur. Aussi fallait-il obtenir d'elle, soit auprès du gouvernement de Pékin, soit auprès des autorités locales dans la Chine méridionale, tous les avantages possibles en faveur de notre commerce. Doumer n'y manqua point. On pouvait cependant prévoir qu'entraîné par le Japon, elle ne voulut à son tour créer un mouvement national et asiatique contre les Européens. Il fallait donc, malgré ses bonnes dispositions actuelles, être prêt pour parer à toutes les éventualités. Cette prévoyance de M. Doumer permit d'envoyer lors de l'insurrection des Boxers, des contingents indo-chinois au Petchili. Si gouverner c'est prévoir, M. Doumer gouvernait bien.

Mais, plus que la Chine, il redoutait le Japon. Dans une page admirablement prophétique, il nous représente les Japonais comme grisés par leurs succès; comme menaçants pour toutes les nations ayant des intérêts en Asie, mais plus spécialement pour la France. Huit ans avant la guerre russo-japonaise, il poussait le cri d'alarme, en disant : « Le Japon, d'ici peu de temps, sera pour nous, un péril en Asie. »

Par conséquent, en mai 1897, il s'efforça d'organiser, avec ses conseils militaires, un plan d'organisation et de défense. Le plan de défense comprenait deux points d'appui de la flotte, l'un de premier ordre, au cap Saint-Jacques-Saïgon, l'autre secondaire, au nord de la baie d'Along, à Hongay. Les défenses du cap Saint-Jacques étaient à peu près terminées, lors du départ de Doumer ; celles de Hongay assez avancées. En 1899, un autre appui de premier ordre avait été étudié et proposé, celui de la baie de Quang-Tcheou, récemment acquis de la Chine, non loin de l'île d'Haïnan.

En même temps l'armée était réorganisée et renforcée. Les troupes, autrefois dispersées à travers les territoires militaires, furent un peu plus groupées en vue de leur instruction et de leur mobilisation. Le nombre des bataillons, tant européens qu'indigènes, s'est élevé de 28 à 34 unités. Les batteries ont été portées de 7 à 18. Enfin des réserves militaires furent créées en vue du temps de guerre. Je signale pour mémoire un escadron de cavalerie, c'était l'embryon d'un corps futur de cavalerie.

C'était bien peu, dirons-nous, préoccupés que nous sommes par l'idée d'une guerre avec le Japon. C'était cependant beaucoup en comparaison de ce qui existait. Enfin il n'y avait dans toutes ces mesures qu'un commencement d'exécution d'un programme plus vaste, qu'on développerait suivant les circonstances.

Par le fait même de son organisation nouvelle et puissante, l'Indo-Chine jouit d'un grand prestige auprès des pays voisins. Son action morale auprès d'eux en fut singulièrement accrue.

Son action matérielle fut incessante et active, en Chine tout particulièrement. J'ai déjà dit à l'égard de ce pays la politique de Paul Doumer. Grâce à ses relations amicales, il fit pénétrer

dans les provinces chinoises du sud, nos ingénieurs, nos médecins, nos professeurs, nos fonctionnaires. Bureaux de postes et
télégraphes, hôpitaux, écoles, chemins de fer, implantèrent
dans ces vastes régions l'influence française. C'est ainsi que
Doumer servait en terre étrangère les intérêts de son pays.

Son œuvre, on le sait, est immense. Elle porte sur toutes les
questions relatives à un Etat. Rien ne lui est resté étranger :
administration, finances, travaux publics, agriculture et commerce, colonisation, fondations scientifiques, armée et politique
extérieure. Pour entreprendre une œuvre pareille, il fallut de
l'audace, pour l'exécuter, beaucoup d'intelligence et une activité prodigieuse. Sans doute il eut des collaborateurs, mais il
sut s'en servir et leur communiquer son zèle, leur inspirer ses
idées et comprendre leurs travaux. Doumer lui-même leur a
rendu justice et dans un de ses volumes, il a inséré leurs rapports à côté du sien : c'est un « *cuique suum* » plein de loyauté
et de modestie. « Pendant cinq ans, dit-il, l'Indo-Chine a vécu
et travaillé d'une même âme », et plus loin, « elle a donné à la
Métropole une colonie organisée et outillée, riche et forte ».

Il y a quelques mois un géographe illustre voulant concentrer
tout l'effort de la France sur l'Afrique, disait : « Il faut lâcher
l'Indo-Chine ! »

Prenant à mon compte la réponse qui fut faite à cette parole
par notre ministre actuel des colonies, je répète avec énergie :
« Non, nous ne lâcherons pas l'Indo-Chine. »

C'est d'abord affaire d'honneur. Nous ne pouvons pas nous
retirer sans avoir tout au moins énergiquement combattu.
S'éloigner sans avoir affronté la bataille, c'est être deux fois
vaincu. Ce serait l'effondrement de notre fierté nationale, la
faillite de notre bravoure séculaire.

C'est aussi une question de sentiment : Songez que plus de
quarante mille français, tués lors de la conquête, dorment leur
dernier sommeil en Indo-Chine, au Tonkin surtout ; nous
devons à notre reconnaissance de monter autour de leurs
tombeaux une garde fidèle. En les défendant contre toute

violation de l'étranger, nous combattons pour la patrie. La patrie, en effet, c'est sans doute la terre des vivants, mait c'est aussi la terre des morts.

« Non, nous ne lâcherons pas l'Indo-Chine », car il y va de notre intérêt : l'Indo-Chine n'est plus onéreuse à la métropole. Son état financier est florissant : tous les hudgets locaux se soldent au 31 décembre 1904 par des excédents. L'Indo-Chine est donc une colonie qui paye. Bien plus, sur son commerce général d'un demi-milliard, la France a pour sa part cent quarante millions environ. Nous ne sommes cependant qu'au début de la prospérité économique d'Indo-Chine. C'est donc un présent plein de promesses pour l'avenir.

Non, nous ne lâcherons pas l'Indo-Chine, car elle est pour nous notre place au soleil en Extrême-Orient, sur les bords du Pacifique. Au contact des Européens, les peuples jaunes se sont réveillés de la longue léthargie où ils s'étaient endormis depuis des siècles. Le Japon a commencé, demain la Chine suivra. Tout en conservant leurs idées, leurs mœurs, ces peuples utiliseront notre outillage économique, mettront à profit notre civilisation matérielle. Ils feront alors valoir les richesses de toute sorte, de leur sol. La Chine deviendra un des greniers et un des marchés du monde. Dans l'expectative du trafic futur, les blancs ont déjà pris position. Les Américains sont aux Philippines, les Allemands au Shantoung, les Anglais à Hong-Kong. Les Russes sont encore et malgré leurs défaites, les riverains de la frontière terrestre. Nous, nous sommes et nous devons rester en Indo-Chine. Ce pays est notre base d'opération dans les luttes économiques de l'avenir, le centre du rayonnement de notre influence en Chine et sur le Pacifique, au XXᵉ siècle. Il importe donc de la mettre au plus tôt en état de défense contre les attaques sinon très prochaines, au moins fort possibles du Japon.

Quoi qu'il en soit de sa destinée, les historiens futurs rattacheront à l'Indo-Chine le nom de M. Paul Doumer. Par lui en effet elle aura été retirée, en un moment de sa durée, de l'état de stagnation où elle se trouvait, pour être amenée en son actuelle et brillante prospérité. Par la création de l'union indo-chinoise, cet humble enfant de notre démocratie aura été par des moyens tout pacifiques, un grand fondateur d'empire. Pour nous Français, la vie de Paul Doumer en Indo-Chine, demeurera un exemple réconfortant d'intelligence et d'activité bien employées, d'amour profond du devoir et d'ardent patriotisme ! Pour ces motifs, elle m'aura procuré pendant quelques semaines des heures bien douces. Je souhaite que la lecture des « *Souvenirs* » vous donne le même plaisir et vous laisse les mêmes impressions. Puissiez-vous conclure que j'ai bien compris le livre de Paul Doumer et que j'ai analysé, en toute fidélité, en toute impartialité, son esprit, son âme et son œuvre !

22 Juin 1905.

www.ingramcontent.com/pod-product-compliance
Lightning Source LLC
Chambersburg PA
CBHW061315060726
47596CB00003B/907